Usborne
First hundred words
in Chinese

Heather Amery

Illustrated by Stephen Cartwright

Chinese language consultant: Chloé Wong
Edited by Jenny Tyler and Mairi Mackinnon
Designed by Mike Olley and Holly Lamont

 There is a little yellow duck to find in every picture.

客厅 *kè tīng* The living room

爸爸
bà ba Daddy

妈妈
mā ma Mommy

男孩
nán hái boy

2

女孩
nǚ hái   girl

婴儿
yīng er   baby

狗
gǒu   dog

猫
māo   cat

衣服　*yī fu*　Clothes

鞋
xié　shoes

内裤
nèi kù　underwear

套头衫
tào tóu shān　sweater

汗衫
hàn shān　undershirt

裤子
kù zi　pants

T恤
tee xù　t-shirt

短袜
duǎn wà　socks

早餐 *zǎo cān* Breakfast

面包
miàn bāo bread

牛奶
niú nǎi milk

鸡蛋
jī dàn eggs

6

苹果
píng guǒ apple

橙子
chéng zi orange

香蕉
xiāng jiāo banana

厨房　*chú fáng*　The kitchen

桌子
zhuō zi　table

椅子
yǐ zi　chair

盘子
pán zi　plate

8

刀子
dāo zi   knife

餐叉
cān chā   fork

勺子
sháo zi   spoon

杯子
bēi zi   cup

玩具 *wán jù* Toys

马
mǎ horse

羊
yáng sheep

母牛
mǔ niú cow

母鸡
mǔ jī　hen

猪
zhū　pig

火车
huǒ chē　train

积木
jī mù　blocks

拜访 *bài fǎng*　On a visit

奶奶
nǎi nai　Granny

爷爷
yé ye　Grandpa

拖鞋
tuō xié　slippers

外套
wài tào   coat

连衣裙
lián yī qún   dress

帽子
mào zi   hat

公园

gōng yuán **The park**

树
shù tree

花
huā flower

秋千
qiū qiān swings

球
qiú ball

14

滑梯
huá tī   slide

靴子
xuē zi   boots

鸟
niǎo   bird

船
chuán   boat

街道

jiē dào **The street**

汽车
qì chē car

自行车
zì xíng chē bicycle

飞机
fēi jī plane

卡车
kǎ chē   truck

公共汽车
gōng gòng qì chē   bus

房子
fáng zi   house

聚会　*jù huì*　**The party**

气球
qì qiú　balloon

蛋糕
dàn gāo　cake

时钟
shí zhōng　clock

冰淇淋
bīng qí lín   ice cream

鱼
yú   fish

饼干
bǐng gān   cookies

糖果
táng guǒ   candy

19

游泳池

yóu yŏng chí   **The swimming pool**

手臂
shŏu bì   arm

手
shŏu   hand

腿
tuĭ   leg

脚
jiǎo   feet

脚趾
jiǎo zhǐ   toes

头
tóu   head

屁股
pì gu   bottom

更衣室

嘴
zuǐ   mouth

眼睛
yǎn jing   eyes

耳朵
ěr duo   ears

22

鼻子
bí zi　　nose

头发
tóu fa　　hair

梳子
shū zi　　comb

刷子
shuā zi　　brush

商店

shāng diàn   The shop

红色
hóng sè   red

蓝色
lán sè   blue

绿色
lǜ sè   green

黄色
huáng sè yellow

粉红色
fěn hóng sè pink

白色
bái sè white

黑色
hēi sè black

25

浴室 *yù shì* The bathroom

肥皂
féi zào soap

毛巾
máo jīn towel

马桶
mǎ tǒng toilet

浴缸
yù gāng   bathtub

肚子
dù zi   tummy

鸭子
yā zi   duck

卧室

wò shì The bedroom

床
chuáng bed

灯
dēng lamp

窗户
chuāng hu window

门
mén door

书
shū book

洋娃娃
yáng wá wa doll

泰迪熊
tài dí xióng teddy bear

Match the words to the pictures

书
shū

靴子
xuē zi

火车
huǒ chē

洋娃娃
yáng wá wa

汗衫
hàn shān

鱼
yú

球
qiú

蛋糕
dàn gāo

母牛
mǔ niú

套头衫
tào tóu shān

时钟
shí zhōng

香蕉
xiāng jiāo

餐叉
cān chā

鸭子
yā zi

窗户
chuāng hu

猫
māo

狗
gǒu

牛奶
niú nǎi

短袜
duǎn wà

桌子
zhuō zi

苹果
píng guǒ

帽子
mào zi

灯
dēng

床
chuáng

冰淇淋
bīng qí lín

刀子
dāo zi

汽车
qì chē

橙子
chéng zi

鸡蛋
jī dàn

泰迪熊
tài dí xióng

衣服 *shù zi*   **Numbers**

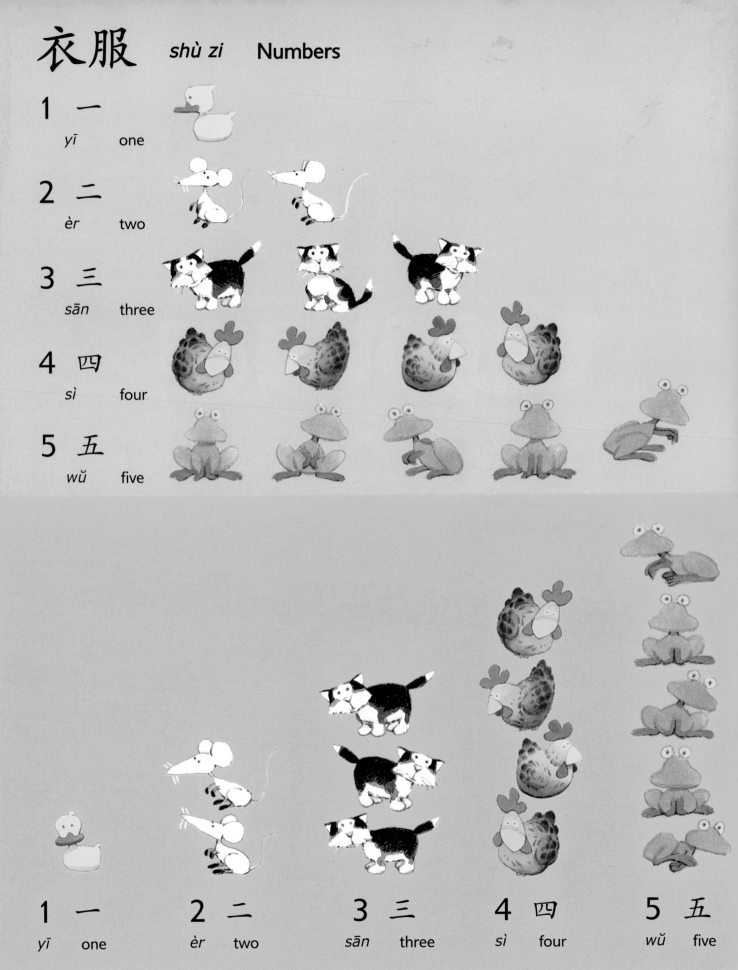

1 一   *yī*   one

2 二   *èr*   two

3 三   *sān*   three

4 四   *sì*   four

5 五   *wǔ*   five

1 一   *yī*   one

2 二   *èr*   two

3 三   *sān*   three

4 四   *sì*   four

5 五   *wǔ*   five